RÉPONSE

DE M. LOUIS MONNERON,

DÉPUTÉ DE PONDICHERY,

A L'ADRESSE DE QUELQUES HABITANS DES ISLES DE FRANCE ET DE BOURBON,

A L'ASSEMBLÉE NATIONALE.

MM.

DETCHEVRYÉ. RENAUD.
DE BONNŒIL. CHRISTIN.
DE SANTUARY. MILLON.
BERTHELEMOT. LAUTAL.
PLANCHE. DUMOLART.
MEUNIER. BEURNONVILLE.

Habitans des *Isles-de-France* & *de Bourbon*, actuellement à Paris.

Paris, 28 Novembre 1790.

MESSIEURS,

JE viens de recevoir l'exemplaire de l'adresse que vous avez présentée à l'Assemblée Nationale. Je n'ignorois point qu'elle étoit dirigée contre mes assertions, dans le Mémoire que j'ai lu à l'assemblée, dans la séance du vendredi 15 Octobre dernier; mais je suis si convaincu que la discussion est nécessaire dans l'opinion qui nous divise; je suis si persuadé que vous ne voulez pas, au détriment du bien général de la nation, favoriser vos intérêts particuliers, que j'ai moi-même sollicité, le vendredi 12 de ce mois, le Décret pour que votre adresse fût renvoyée aux mêmes comités chargés de l'examen de mon mémoire.

Je vais maintenant, Messieurs, répondre à votre adresse, & pour le faire avec plus de méthode, je vais la transcrire en entier à mi-marge. Mais avant d'entrer en matière, permettez-moi, Messieurs, de vous observer que le mot que j'ai fouligné, dans la première ligne de votre adreffe, n'eft ni NOBLE, ni GÉNÉREUX ; il renferme une ironie amère ; vous ne deviez pas vous le permettre à l'égard d'une Colonie, victime d'une baffeffe miniftérielle, qui a donné, pendant foixante ans, des preuves de courage & de défintéreffement dont on ne trouve aucun exemple dans notre hiftoire. Trois fiéges mémorables, dans l'efpace de trente ans, atteftent ce courage. L'efprit qui animoit les habitans n'a pas peu contribué à former *Dupleix*, *Buffy* & *Mainville*, dont les noms font burinés dans l'hiftoire de l'Inde, comme ceux de *Montcalm*, dans l'hiftoire du *Canada*, & de *la Fayette* dans l'hiftoire de l'Amérique Angloife. Quant au défintéreffement, parcourez les livres de l'ancienne compagnie des Indes, rue de Grammont ; jetez enfuite les yeux fur les comptes des *Ifles-de-France* & *de Bourbon*, dans ces mêmes livres, & dans les comptes de la marine ; vous verrez, d'un côté, des rembourfemens qui ne font pas encore effectués ; & de l'autre, des reprifes pour des fommes confidérables qui ne s'effectueront jamais.

ADRESSE

A L'ASSEMBLÉE NATIONALE,

Par les habitans des *Ifles-de-France* & *de Bourbon*, fouffignés, réfidens en France.

MESSIEURS,

MM. les députés de la ville

1°. Pour répondre à ce.

Pondichéry, *ÉVACUÉE*, *sollicitent*, *auprès de vous*, *son plus prompt rétablissement. Ce rétablissement aura-t-il lieu au préjudice des places des Isles-de-France & de Bourbon, ou composera-t-on la nouvelle garnison de cette ville des troupes de France? C'est sur quoi MM. les députés de* Pondichéry *ne s'expliquent pas.*

paragraphe, je vais transcrire les propres expressions de mon mémoire, page 18.

« Je demeure d'accord, » avec l'auteur du mémoire, » de l'importance de l'*Isle-* » *de-France*, & de la » nécessité de s'occuper sérieusement de sa défense. Cette Isle est le foyer » d'où doivent partir & où » doivent aboutir tous nos » mouvemens maritimes; » son port offre un asyle à nos vaisseaux & à nos cor- » saires, & toutes les ressources pour leur carène & » leur radoub ».

J'en appelle à votre propre jugement, Messieurs, si, d'après ce paragraphe, j'ai pu entendre que les troupes destinées à la défense de l'*Isle-de-France* seroient transportées à Pondichéry? Mais vous craignez la surprise d'un décret! Je ne m'arrêterai pas sur l'irrégularité, pour ne rien dire de plus, de cette expression; je vous observerai seulement, que vous aviez bien des motifs pour vous rassurer. 1°. Ma propre opinion; j'ai le droit de la citer, puisque je l'ai consignée dans une lettre dont j'ai fait la lecture le 30 Octobre dernier, dans une assemblée coloniale, tenue chez M. *Broutin.* Je crois devoir vous la rappeler, puisque vous paroissez l'avoir oubliée.

MESSIEURS,

« Je n'ignore point que mon diſcours, prononcé à
» l'aſſemblée nationale, a été repréſenté comme tendant
» à ramener l'attention du gouvernement vers l'Inde,
» & à affoiblir ſon intérêt pour les *Iſles-de-France* &
» de *Bourbon*. Je n'ignore point que quelques perſonnes
» ont répandu indiſcrètement dans le public, qu'il falloit
» ajourner la queſtion de l'Inde juſqu'à ce que les députés
» de l'*Iſle-de-France* fuſſent entendus; & ces propos ont
» paru faire quelque impreſſion ſur pluſieurs membres
» de l'Aſſemblée Nationale. Je n'ai pu, ni dû, Meſſieurs,
» entrer dans aucun détail ſur les intérêts & l'impor-
» tance de ces colonies, parce que je n'en avois ni le
» droit, ni la miſſion; mais ma profeſſion de foi eſt,
» que notre ſituation aux Indes EST NULLE SANS L'ISLE
» DE FRANCE, & que cette colonie, ſans un point
» d'appui aux Indes, ne doit être enviſagée que comme
» une colonie agricole; que le gouvernement doit bor-
» ner ſes vues & ſes dépenſes à ſa police & à ſa ſûreté:
» toute autre vue ultérieure, je veux dire tout projet
» ſur l'Inde, émanant du ſimple fait de l'*Iſle-de-France*,
» ne peut que conſtituer la nation dans des dépenſes
» énormes, ſans aucun objet de gloire ou d'utilité.

» Arrêtons-nous un inſtant, Meſſieurs, ſur ces Colo-
» nies: elles ont coûté, depuis 1767, époque de la rétro-
» ceſſion, au-delà de *trois cens millions*: on ne peut pas
» ſe cacher l'état déplorable dans lequel ſont le port de

» *l'Isle-de-France ;* encombré de carcasses de vaisseaux,
» ses batteries, ses magasins, enfin tout ce qui doit constituer un état respectable de défense. Le gouvernement se consoleroit de la monstruosité de ces dépenses, si ces Isles avoient quelqu'importance relative à leur exportation ; mais, on ne peut pas voir, sans un étonnement mêlé d'amertume, ses productions d'exportations bornées à quarante ou quarante-cinq mille balles de café, pesant, *quatre millions cinq cens mille livres* ; tandis que *Saint-Domingue*, dont cette production n'est que secondaire, en exporte, annuellement, *quatre-vingt à quatre-vingt-dix millions* pesant. Je ne parle pas du coton, encore moins de l'indigo, du gérofle & du sucre; ces objets ne sont pas encore assez majeurs pour devénir des articles principaux de spéculation, & plusieurs d'entr'eux ne sont, jusqu'à présent, que de simples échantillons ».

» Il résulte, Messieurs, de cet exposé, que le gouvernement n'a pu se déterminer à ce sacrifice, que par des vues politiques & de commerce, qui ne pouvoient avoir que l'Inde pour objet. Si vous vous intéressez, Messieurs, à ces Colonies & à la chose publique, vous devez y ramener son attention, & le plus fort argument dont vous puissiez vous servir pour leur prospérité & pour leur sûreté, est de vous joindre à nous pour solliciter le rétablissement de Pondichéry; car, soyez bien persuadés que tant que les Anglois auront une pierre d'achoppement aux Indes, ils ne songeront pas à les attaquer; mais s'ils n'ont à combattre que vos propres colonies, *Calcutta*, *Madras* & *Bombay* pèseront sur elles avec

» une escadre & deux cens transports, ayant à bord » dix à douze mille Européens & autant de Sypahis. Les » efforts du gouvernement françois seront bornés, parce » qu'ils ne pourront avoir que votre propre défense pour » objet ; vous succomberez donc, soit par la famine, soit » par la force, & la destruction totale de vos colonies en » sera la suite : car, Messieurs, je puis vous assurer, qu'il » est dans le cœur & dans les vues des Anglois, si le sort » les favorise dans leurs tentatives sur les isles, de renvoyer » en Europe tous les Européens, & de rendre à la côte » d'Afrique & à Madagascar les noirs qu'on en a tirés pour » la culture ».

» Cet exposé seul suffit, Messieurs, pour faire un rem- » part de *Pondichéry*, en en sollicitant le rétablissement. » Cette ville doit protéger votre Isle, comme vous la pro- » tégerez à votre tour : elle doit aussi servir de ralliement » & d'entrepôt pour les intérêts que vous auriez épars aux » Indes, dans un mouvement de guerre, jusqu'à ce que » vous fassiez des dispositions pour les rassembler avec plus » de sûreté à *l'Isle-de-France* ».

» Je n'entrerai dans aucun détail sur les moyens que vous » avez de subsister. Si vous pouvez vous passer (comme » j'ai soutenu le contraire, d'après une expérience de » 25 ans) des secours, dans ce genre, de *France*, du *Cap* » *de Bonne-Espérance*, *de Madagascar & des Indes*, tant » mieux pour vous. — Puisse le gouvernement n'avoir à » regretter, dans l'explication que vous lui donnerez à ce » sujet, que les *cinquante millions* de vivres que le *Cap de* » *Bonne-Espérance*, *Madagascar & l'Inde* lui ont coûté !

» Puiſſe-t-il, ſur-tout, ne pas trop compter ſur des aſſu-
» rances qui pourroient compromettre l'abondance qu'il
» eſt ſi important de maintenir dans une colonie!

Signé LOUIS MONNERON.

2°. Les diſpoſitions du Bureau de la Marine, qui s'étoient manifeſtées d'une manière ſi emphatique, puiſqu'il déſignoit l'Iſle-de-France comme LE RÉCEPTACLE DE NOS FLOTTES ET L'ARSENAL DE NOS ARMES, LORSQUE NOUS VOUDRIONS PORTER LA GUERRE DANS LES EXTRÉMITÉS ORIENTALES DE L'UNIVERS.

3°. La ſurveillance de ces vrais & grands propriétaires, qui ſont en grand nombre à Paris, de ces hommes extrêmement recommandables, qui ont ſervi l'Etat, dans ces colonies, avec diſtinction, ſoit dans le civil, ſoit dans le militaire, dont aucun n'a donné ſon adhéſion à votre ADRESSE par ſa ſignature.

Certainement, avec de pareils moyens, l'Aſſemblée Nationale n'auroit rien ſtatué ſur le ſort de *Pondichéry*, au détriment de l'*Iſle-de-France*.

*Les habitans de l'*Iſle-de-France *&* *de* Bourbon, *réſidens ou momentanément fixés en France, en blâmant cette réticence condamnable, qui peut occaſionner la ſurpriſe d'un décret, dont l'exécution entraîneroit infailliblement la perte de toutes*

Quant à mes diſſertations *erronées*, *déplacés*, *peu généreuſes*, en quoi conſiſtent-elles, je vous prie? J'ai ſoutenu, dans mon mémoire, dans la lettre que j'ai tranſcrite ci-deſſus, & je le ſoutiens encore, que l'*Iſle-de-France* ne peut pas *les colonies françoises, au-delà du* Cap de Bonne-Espérance, *n'ont pu lire, sans étonnement, les dissertations également erronées, contenues au mémoire de M. L. Monneron, sur les* Isles-de-France *&* de Bourbon; *ils pensent qu'elles sont aussi déplacées que peu généreuses de la part de la ville de* Pondichéry, *qu'il représente.*

Etoit-il nécessaire de jeter une défaveur marquée sur les Isles-de-France *& de* Bourbon, *pour demander le rétablissement de* Pondichéry? *Et convenoit-il à ses députés de parler de deux Colonies qui ont le malheur de n'être pas encore représentées, quoique distantes de 1800 lieues de moins de la Métropole, & à qui la ville de* Pondichéry *a dû trois fois son salut?*

plus fournir à sa subsistance en temps de paix comme en temps de guerre; que la *Guadeloupe*, la *Martinique* & *Saint-Domingue* peuvent pourvoir à la leur. J'ai démontré cette assertion depuis la dix-septième jusqu'à la vingt-deuxième page. Observez, Messieurs, qu'il n'a jamais été question de l'*Isle-de-Bourbon*, mais seulement de l'*Isle-de-France*, qui est le boulevard naturel des deux isles, par son port, par ses fortifications, par ses arsenaux & par le rassemblement des troupes. Cette réticence vous paroîtra certainement blâmable, puisque, dans vos idées, vous confondez ces deux isles: Eh bien, Messieurs, il faut éclairer votre ignorance.

L'*Isle de Bourbon* est à la même distance de l'*Isle-de-France*, que la *Martinique* l'est de la *Guadeloupe*; il faut 10 à 12 jours de navigation pour atteindre l'*Isle-de-Frante*, quelquefois moins, mais souvent plus, sur-tout pour des bâtimens

bâtimens vivriers ; elle n'a ni ports, ni fortifications, & n'offre, pour toute défenſe, que le courage de ſes habitans, dont l'Inde a éprouvé les plus nobles & les plus généreux effets ; mais il ne peut ſe développer que dans le cas d'une deſcente; il ne peut point protéger ou défendre des vaiſſeaux dans des rades foraines. Les ſubſiſtances que cette iſle peut fournir à l'*Iſle-de-France*, pour la conſommation des Européens, ſe réduiſent à des approviſionnemens de bled. Je n'inſiſterai pas ſur l'opinion dans laquelle je ſuis, qu'elles ſont inſuffiſantes pour les beſoins de cette colonie, en temps de paix; je vous accorderai même qu'en encourageant cette culture, elle peut pourvoir à ſes beſoins en temps de guerre. Cette diſcuſion eſt étrangère à mes vues. Je reviens à mon principe, que l'*Iſle-de-France* ne peut ſubſiſter que par les ſecours extérieurs qu'elle reçoit ; que dans le cas d'une guerre, ces mêmes ſecours peuvent être interceptés, ſoit par des croiſières, ſoit par des expéditions, pour empêcher ſes communications avec *Madagaſcar* & l'*Iſle-de-Bourbon*; que l'Inde eſt ſon rempart naturel, parce que les Anglois ne feront jamais aucune tentative ſur cette colonie, tant qu'ils y auront quelque ſujet d'inquiétude, & que, dans ce rapport, *Pondichéry*, avec la garniſon que j'ai demandé, veille d'une manière très-efficace à ſa ſûreté.

Votre ignorance ſe perpétue, Meſſieurs, dans votre aſſertion, que la ville de *Pondichéry* a dû trois fois ſon ſalut à l'Iſle-de-France. Elle cadre parfaitement avec un ouvrage récemment publié, intitulé : DE L'INDE.

Voici l'hiſtorique de *Pondichéry*. Cette ville a ſoutenu cinq ſiéges.

Le premier, en 1693 ; elle fut prise par les Hollandois, & rendue par le traité de Rifwick. *L'Isle-de-France* étoit pour lors déserte.

Le second, en 1741 ; elle fut bloquée par les gens du pays. M *de la Bourdonnais* en fut instruit ; c'est dire qu'il vola à son secours. Il étoit arrivé à *l'Isle-de-France* le 14 août ; il en partit le 22, mouilla avec son escadre à *Pondichéry* le 30 septembre ; & voici ce qu'on lit dans son mémoire *in*-4°., pag. 28 :

« Il ne fut pas médiocrement satisfait, quand il vit » que tout étoit tranquille dans cette ville, & que la » bonne conduite de M. *Dumas*, qui en étoit le gou- » verneur, avoit empêché les Marattes d'en entreprendre » le siége ».

En 1744, M. *de la Bourdonnais* fut instruit de la déclaration de guerre : « dans ces tristes conjonctures » (continue ce mémoire, pag. 36), tout ce qu'il put » faire, fut d'expédier, sur-le-champ, un bateau, pour » porter au sieur *Dupleix*, gouverneur de *Pondichéry*, » la nouvelle de la déclaration de guerre. En attendant » de nouveaux ordres, il fut obligé de laisser faire aux » ennemis ce qu'ils voulurent ». Le génie de la France veilloit, pour lors, sur sa destinée aux Indes. *Dupleix* sut écarter le danger, & *la Bourdonnais*, dégagé des entraves qui l'enchaînoient à *l'Isle-de-France*, ne put appareiller, pour l'Inde, que le 24 mars 1746. Son dématage, à *Madagascar*, ne lui permit d'aborder la côte *Coromandel*, que le 6 juillet. Il attaqua l'escadre angloise le même jour, la força de fuir, & vint mouiller à *Pon-*

dichéry le 8 du même mois. Il se concerta avec le gouverneur, pour attaquer *Madras*, & le 21 septembre, il y fit arborer le pavillon françois.

Cette ville fut attaquée le 4 août 1748, par terre & par mer, par l'amiral *Boscawen*, avec 26 vaisseaux. Il en leva le siége le 17 octobre suivant, avec une perte très-considérable. M. *Dupleix* dit, dans son mémoire *in*-4°. (pag. 32) : « les secours que le sieur *Dupleix* at- » tendoit de France depuis si long-temps, ne purent » lui parvenir, & ce ne fut que le 24 juin 1748, que » l'escadre, commandée par le sieur *Bouvet*, mouilla à » *Madras*, & disparut dans la nuit même, après avoir » jeté précipitamment, dans cette ville, trois cents » hommes, tant sains que malades, avec les fonds qu'il » apportoit de *l'Isle-de-France*. Mais ces fonds ne purent » être transportés à *Pondichéry* que le 28 juillet suivant, » & alors il n'étoit presque plus possible d'en faire aucun » usage, parce que les Anglois étoient, dès le 4 août, » dans la rade du fort *Saint-David* ».

Il résulte de cet exposé, Messieurs, qu'il existoit pour lors une grande harmonie entre *l'Isle - de - France* & l'Inde; & que si les secours de vos colonies n'ont pas été nécessaires à *Pondichéry*, ils n'en ont pas moins été offerts, comme cette ville, de son côté, s'est toujours empressée d'y faire passer des subsistances, ainsi que l'attestent les mémoires de M. *de la Bourdonnais*.

La scène va changer de face, dans les deux siéges dont j'ai à parler.

Pondichéry a succombé le 15 janvier 1761, faute de

vivres. Je n'entrerai pas dans les détails, si l'escadre de M. *d'Aché* a pu le secourir; je me bornerai à dire qu'elle étoit, à cette époque, à *l'Isle-de-France*.

Quant au siége de 1778, il n'est personne qui ne sache que de foibles secours de *l'Isle-de-France* eussent sauvé *Pondichéry*. Le courage & les talens de M. de *Bellecombe*, si bien secondés par les troupes & les habitans de la ville, eussent suppléé à de grands moyens. Le seul intérêt qu'ait pris l'Isle-de-France à cette malheureuse ville, a été d'y envoyer une corvette dans le mois de novembre, pour s'assurer que le pavillon françois ne flottoit plus aux Indes.

C'est avec regret, Messieurs, que les habitans des Isles-de-France *&* *de* Bourbon, *résidens en France, se voient forcés de mettre ce manque de procédé en évidence. Ils vous doivent compte, & à leurs colonies, des connoissances locales, qui vous sont indispensables, pour approfondir les demandes de la ville de* Pondichéry, *s'ils vous demandent la permission de s'acquitter de ce devoir sacré. Les habitans des* Isles-de-France *&* *de* Bourbon, *résidens en France, après avoir coopéré par leurs différens travaux, à votre décret juste & favorable du 8 mars dernier, comptoient garder un silence respectueux jusqu'à l'arrivée de leurs colonies, qui doivent en apporter le vœu. Ils n'ont pas cru devoir consentir à une* *représentation provisoire, lors de la formation de l'assemblée nationale; ils ont pensé qu'elle seroit onéreuse & sans fruit; que le vœu de leurs colonies devoit être librement & légalement exprimé par elles seules; & ils ne se seroient permis aucunes démarches ultérieures, sans les pétitions très-urgentes de la ville de* Pondichéry, *sans les dissertations fausses & erronées que ses députés se sont permis sur les* Isles-de-France *& de* Bourbon*: ils pensent encore qu'ils manqueroient à la confiance qu'ils vous doivent, & à leurs devoirs envers leurs colonies, s'ils ne s'empressoient à vous démontrer ces erreurs, & à vous faire connoître, avec plus de précision, ces différens rapports sur lesquels vous avez à prononcer, sans compromettre ceux de deux importantes colonies non représentées.*

Les habitans des Isles-de-France *& de* Bourbon *sont loin de condamner les erreurs de MM. les députés de la ville de* Pondichéry, *comme calculées pour rendre leur cause meilleure, & qu'ils n'attribuent qu'à leurs commettans; mais ils croyent pouvoir affirmer qu'ils sont moins instruits sur la localité, la force & les productions des* Isles-de-France *& de* Bourbon, *que*

Je n'ai exprimé, Messieurs, que mes idées particulières fondées sur une expérience de 25 ans, & de très-grandes relations politiques & commerciales avec vos deux Isles. Je vais maintenant vous faire connoître celles des habitans de *Pondichéry*, consignées dans un de leurs mémoires, sous le n°. 5, déposé dans les archives de l'assemblée nationale.

ceux qui les habitent depuis nombre d'années ; ils pensent encore que le concours de leurs lumières ne peut qu'ajouter aux éclaircissemens nécessaires à prendre avant de prononcer sur des intérêts aussi grands.

« Les *Isles-de-France* & » de *Bourbon* », est-il dit dans ce mémoire, « dont » M. *de la Bourdonnais* » avoit sçu apprécier la juste valeur, ne doivent & » ne peuvent jamais être » que des entrepôts pour » notre commetce de l'Inde, en temps de paix ; & en temps de guerre, des » points de ralliement & de lieux de relâche, pour les » troupes & les vaisseaux que l'on seroit dans le cas » d'envoyer d'Europe en Asie. Ces deux établissemens, » & l'*Isle-de-France* sur-tout, peuvent à peine suffire » aux consommations de leurs habitans ; ils n'existent » réellement que par le commerce de l'Inde, & encore » plus par les moyens qu'on leur fait passer d'Europe ; » & souvent ils sont dans le cas de manquer des » objets de nécessité absolue. Les troupes, qui n'y peuvent être nourries qu'avec des salaisons & des grains » transpottés à grans frais, y coûtent le double plus » cher de ce qu'elles coûtent dans l'Inde. Nous avons » évacué *Pondichéry* ; dans peu, nous serons forcés, » peut-être, de renoncer tout-à-fait à l'Inde & au commerce de l'Asie : dès-lors, les *Isles-de-France* & de » *Bourbon* nous deviennent inutiles & ne peuvent nous » être qu'onéreuses. Il faut ne pas connoître l'Inde, » pour croire que, sans y avoir des établissemens & » des alliés, nous puissions préparer en secret, à l'*Isle-*

» *de-France* des opérations que nous puissions ensuite » exécuter, soit à la côte de *Coromandel*, soit à la côte » *Malabar.* L'*Isle-de-Bourbon* n'a point de ports, & ses » rades sont peu sûres. L'*Isle-de-France* a des ports, » mais peu considérables, & qui défendent mal les » vaisseaux contre la violence des coups de vents & » des ouragans qui y sont très-fréquens; & il faudroit » des dépenses énormes pour aggrandir les ports & » pour les mettre en état de recevoir des flottes nom» breuses, qui, d'ailleurs, ne pourroient jamais y faire » que des séjours très-coûteux.

» Les Anglois eurent toujours, ou le bonheur, ou » l'adresse de nous prévenir dans tout. Tranquilles sur » les soins de leur gouvernement, & bien sûrs qu'il » ne perdra pas de vue le plus léger mouvement que » nous ferions en Europe, leur station, qui ne quittera » jamais l'Inde, ira, au premier avis qu'ils recevront, » bloquer nos vaisseaux dans nos ports de l'*Isle-de-France*; » & dans l'Inde, ils peuvent être avertis, par terre, en » moins de 60 jours. Quand nos flottes & les troupes » quelles porteroient arriveroient dans les mers de l'Inde, » dans quel endroit pourrions-nous aborder? Les An» glois, sans doute, auroient commencé par s'emparer » de nos foibles comptoirs, & maîtres de toute l'étendue » des deux côtes, ils retiendroient sûrement à terre » toutes ces flexibles embarcations, qui peuvent seules » surmonter la barre qui règne autour de la presqu'Isle, » & qui en défend les approches. Supposons même que » l'audace & l'intrépidité françoise aient franchi tous » les obstacles, & que le débarquement ait pu se faire,

» des troupes haraſſées par un voyage de pluſieurs » ſemaines, & quelquefois même de pluſieurs mois, » n'ont-elles pas un déſavantage immenſe vis-à-vis d'une » armée, qui, environnée de moyens, & au ſein de » l'abondance, a pu prévoir tous ſes beſoins & ſe mé- » nager des reſſources ? En arrivant à terre, quel lieu » d'entrepôt aurons-nous pour nos vivres & pour nos » munitions ? Pour peu que nous nous éloignions du » rivage, qui nous fournira des ſubſiſtances ? Qui nous » procurera des bœufs pour traîner notre artillerie ? » Quel allié nous aidera, nous ſoutiendra ? Dans la » dernière guerre, euſſions-nous pu mettre le pied dans » l'Inde, ſans le ſecours d'*Hyder-Aly-Khan?* Nous ne » nous étendrons pas davantage, Meſſieurs, ſur tous » ces détails : le peu que nous avons dit doit ſuffire à » vous prouver combien eſt mal entendu le ſyſtême » que l'on a adopté en faveur des *Iſles-de-France* & de » *Bourbon*, au préjudice de nos établiſſemens de l'Inde ».

Vous voyez, Meſſieurs, que ces idées corroborent parfaitement les miennes.

*Les habitans de l'*Iſle-de-France *& de* Bourbon *ſuppoſent cette alternative ſur la queſtion préſentée par MM. les Députés de la ville de* Pondichéry.

« *Les pétitions de la ville de* Pondichéry *ſeront-elles* » *ajournées juſqu'à l'arrivée des Députés des* Iſles-de-

France

» France & *de* Bourbon ? *C'eſt à vous*, *Meſſieurs*, *à* » *en apprécier l'urgence comme l'importance. Dans ce cas*, » *les habitans des* Iſles-de-France & *de* Bourbon *n'auront* » *rien à obſerver.*

» *Prendrez-vous connoiſſance des pétitions de la ville* » *de* Pondichéry, & *prononcerez-vous définitivement ?* » *Dans ce cas*, *les habitans des* Iſles-de-France & *de* » Bourbon, *réſidens en France*, *auront à réfuter le mé-* » *mémoire de M. Monneron*, *à vous éclairer ſur les* » *connoiſſances locales*, *à vous démontrer enfin*, *que l'on* » *ne peut dégarnir les places des* Iſles-de-France & *de* » Bourbon, *ſans courir les riſques certains de perdre* » *toutes les colonies françoiſes au-delà du* Cap de Bonne- » Eſpérance, & *tous les établiſſemens françois aux* » *Indes* ».

Dans ce dernier cas, *Meſſieurs*, *les habitans des* Iſles-de-France & *de* Bourbon, *réſidens en France*, *vous demandent*, *que quatre habitans choiſis parmi eux ſoient admis au comité Aſiatique*, *avec voix conſultative*, & *à la Barre de l'aſſemblée nationale*, *le jour que vous prononcerez*, *afin d'être préſens à la diſcuſſion*, & *d'être à portée*

Je ne puis que ſouſcrire, Meſſieurs, au vœu que vous exprimez d'être admis à diſcuter, contradictoirement avec les députés de l'inde, les intérêts de vos colonies; la coalition, la réunion ſeront bientôt opérées. Au nom de la patrie, écartons tout intérêt perſonnel, & n'enviſageons que le bien *de réfuter toutes les allégations qui pourroient être faites au préjudice de leurs colonies ; sans, toutefois, qu'elles ne puissent revenir contre tout ce qui auroit pu être décrété à leur détriment ; ne voulant, lesdits habitans, nullement contrevenir ni affoiblir leurs droits, mais seulement obvier aux surprises qui pourroient vous être faites, & qui, par suite, pourroient produire les plus funestes effets.*

Les intérêts de toutes les colonies françoises, au-delà du Cap de Bonne-Espérance, *sont identifiés, relatifs, & ne peuvent être discutés séparément ; les* Isles-de-France *& de* Bourbon *en sont les greniers comme les seuls remparts ; elles en font la force : ce sont autant de vérités incontestables.*

Pour rendre un décret sage sur les intérêts des général. Présentons à l'assemblée nationale les grands rapports de ces établissemens, pour donner au commerce des Indes l'extension dont il est susceptible, qui, dans les circonstances actuelles, ne peut être que d'une grande ressource pour les individus qui sont malheureusement en trop grand nombre, à qui la révolution actuelle ôte leur emploi, leur industrie ou leurs services ; pour des pères de famille surchargés d'enfans. Écartons toute idée de conquête & d'agrandissement dans les plans que nous avons à présenter ; bornons-nous à demander une protection convenable pour des pays aussi éloignés, qui puisse nous assurer nos propriétés *colonies françoises au-delà du* Cap de Bonne-Espérance, *il faut qu'elles soient toutes appellées & présentes; & pour prendre la moindre précaution, il faut qu'elles soient toutes consultées; c'est du moins l'avis & le sentiment des habitans des* Isles-de-France *& de* Bourbon, *soussignés, qui admireront toujours votre sagesse & en respecteront constamment les décrets.*

A Paris, le premier novembre 1790.

Signés, DETCHEVRYÉ, de BONNŒIL, de SANTUARY, BERTHELEMOT, PLANCHE, MEUNIER, RENAUD, CHRISTIN, MILLON, LAUTAL, du MOLART, BEURNONVILLE.

& la certitude de vivre sous un gouvernement libre.

J'ai l'honneur d'être, avec considération,

MESSIEURS,

Votre très-humble & très-obéissant serviteur,

LOUIS MONNERON,

Député des Indes orientales.

A PARIS. De l'Imprimerie de L. POTIER DE LILLE, rue Favart, N°. 5. 1790.

www.ingramcontent.com/pod-product-compliance
Ingram Content Group UK Ltd.
Pitfield, Milton Keynes, MK11 3LW, UK
UKHW032039260826
14628UKWH00007B/3064

9 782011 759016